Panorama hispanohablante 2
Spanish ab initio for the IB Diploma
Workbook
Second edition

María Isabel Isern Vivancos, Alicia Peña Calvo, Samantha Broom
and Víctor González

CAMBRIDGE
UNIVERSITY PRESS

Shaftesbury Road, Cambridge CB2 8EA, United Kingdom

One Liberty Plaza, 20th Floor, New York, NY 10006, USA

477 Williamstown Road, Port Melbourne, VIC 3207, Australia

314–321, 3rd Floor, Plot 3, Splendor Forum, Jasola District Centre,
New Delhi – 110025, India

103 Penang Road, #05-06/07, Visioncrest Commercial, Singapore 238467

Cambridge University Press is part of the University of Cambridge.

It furthers the University's mission by disseminating knowledge in the pursuit of
education, learning and research at the highest international levels of excellence.

Information on this title: www.cambridge.org/9781108720359

© Cambridge University Press & Assessment 2019

First published 2019

20 19 18 17 16 15 14 13 12 11 10 9 8 7 6 5

Printed in Poland by Opolgraf

A catalogue record for this publication is available from the British Library

ISBN 9781108720359 Paperback

Cambridge University Press has no responsibility for the persistence or accuracy
of URLs for external or third-party internet websites referred to in this publication,
and does not guarantee that any content on such websites is, or will remain,
accurate or appropriate. Information regarding prices, travel timetables, and other
factual information given in this work is correct at the time of first printing but
Cambridge University Press does not guarantee the accuracy of such information
thereafter.

This work has been developed independently from and is not endorsed by the
International Baccalaureate Organization. International Baccalaureate, Baccalauréat
International, Bachillerato Internacional and IB are registered trademarks owned by
the International Baccalaureate Organization.

IB consultant: Carmen de Miguel

----

1 A la aventura

Con las palabras del recuadro, completa la carta que Miguel escribe a su amiga María sobre un viaje por Europa con grandes dosis de aventura.

> mochila • recorrido • gusanillo • curiosidad • albergues
> culturas • conocer • prejuicios • reserva • destino • viaje

---

Salamanca, 3 de julio

Querida María:

Espero que estés bien y que el viaje a Mallorca con tus amigas haya sido todo un éxito. Estoy de Inter Rail.

No sé si lo conoces. Es un método de viaje fantástico

para [1] _____ Europa en tren y de momento

ya he pasado por Alemania, Bélgica, Holanda, Francia y

ahora España, un buen [2] _____ , la verdad.

Voy con [3] _____ y duermo en hostales y

[4] _____, todo muy barato. El [5] _____

por los viajes ya sabes que lo tengo desde hace tiempo y

ahora, con este [6] _____ , ya lo he matado del

todo. El [7] _____ es lo que menos me importa,

voy sin [8] _____ a los sitios, siempre encuentro

algún lugar donde dormir. Lo que me pica más es

la [9] _____ por descubrir lugares nuevos,

encontrarme con gente nueva dejando de lado los

[10] _____ y abrir mi mente a

[11] _____ diferentes.

Bueno, ya sabes, escríbeme pronto. Saluda a tus padres de mi parte y no te olvides de escribir.

Un abrazo,

Miguel

Utiliza la información para completar la ficha biográfica del explorador español.

> explorador y marinero
> Guipúzcoa, España
> Juan Sebastián Elcano
> la primera circunnavegación del mundo
> malnutrición
> 4 de agosto de 1526
> 1476
> español

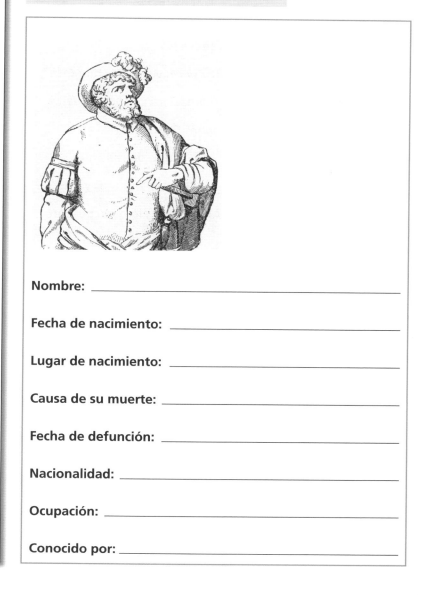

Nombre: _____

Fecha de nacimiento: _____

Lugar de nacimiento: _____

Causa de su muerte: _____

Fecha de defunción: _____

Nacionalidad: _____

Ocupación: _____

Conocido por: _____

Vas a leer la biografía de Álvaro Saavedra. Decide si los verbos en paréntesis van en pretérito imperfecto o en pretérito indefinido. Utiliza la forma correcta de verbo.

Uno de los primeros europeos en explorar la gran isla

de Papúa [1] _____ (ser) Álvaro Saavedra,

el explorador que [2] _____ (haber) pasado por

primera vez por las desconocidas islas de Hawái.

[3] _____ (recorrer) la costa septentrional de

la isla de Papúa en 1528 y la [4] _____ (llamar)

Isla del Oro primero para después cambiarle el nombre a

Nueva Guinea, ya que [5] _____ (decir) que sus

habitantes [6] _____ (parecerse) mucho a

los de la Guinea africana. Saavedra [7] _____

(encontrarse) con una tribu feroz en su viaje, "los pintados",

a quienes [8] _____ (llamar) así por sus tatuajes

y pinturas en la piel. Poco después Saavedra

[9] _____ (dirigirse) a un grupo de islas que

_____ [10] (llamar) Los Buenos Jardines y que

ahora son las Islas Marshall. Allí, y según lo que cuentan,

las mujeres [11] _____ (ser) muy hermosas,

[12] _____ (llevar) faldas coloridas y

[13] _____ (tener) los cabellos largos y negros.

Saavedra [14] _____ (morir) en un naufragio al

ser sorprendido por una tempestad en 1529 cerca de

la isla de Gilolo cuando [15] _____ (dirigirse) a

Nueva España (México).

Lee la encuesta *¿Eres un turista ecológico?* en el libro del alumno y escribe una cuarta opción (D) para cada pregunta.

¿Eres un turista ecológico?

1 Te vas de vacaciones. ¿Cómo viajas?

    D _____

2 ¿Dónde te alojas?

    D _____

3 ¿Qué haces cuando tienes hambre?

    D _____

4 Durante las vacaciones, ¿qué haces?

    D _____

www.magiaperu.com

Deliciosa sopa de piraña. Puerto Maldonado, Perú.

Domingo, 21 de abril.

En verdad ha sido una semana agotadora. Primero subimos a Machu Picchu, pero a mí me impresionó más el valle del Colca, que habíamos visitado el día anterior y es conocido como el "valle perdido de los incas", porque me pareció más majestuoso y estaba menos concurrido. Después de visitar los lugares históricos, viajamos a Puerto Maldonado y de allí a una reserva natural donde pasamos tres días en la selva amazónica. Hicimos varias caminatas y pescamos en el río. La flora y la fauna eran espectaculares. Mientras estuvimos allí, una noche comimos bagre frito y sopa de piraña que las chicas habían pescado por la tarde.

Miguel Ángel Rovira

1/5

Lee el blog de Miguel Ángel Rovira y escribe 5 preguntas para poner a prueba la comprensión de su contenido.

1 _____

2 _____

3 _____

4 _____

5 _____

1/6

Con un/a compañero/a, decide si las siguientes frases son las de un turista responsable y respetuoso. Justifica tu respuesta.

• Me encanta ir a las cadenas de comida rápida cada vez que viajo. No me adapto a los platos que no son de mi país.

_____

• Voy a hoteles caros con una gran piscina y todo tipo de entretenimiento. Me gusta pasármelo bien.

_____

• En la playa lo recojo todo, incluso si han dejado basura los que se han tumbado a mi lado. Hemos de respetar el mar y su entorno.

_____

• Siempre que puedo hablo con la gente de los lugares que visito para conocer sus costumbres. Lo encuentro muy interesante.

_____

• Cuando hace calor, siempre pongo el aire acondicionado toda la noche, aunque me tenga que tapar con una manta. No soporto los lugares donde hay humedad.

_____

• Nunca alquilo un coche, voy en transporte público o en bicicleta para descubrir nuevos rincones. Es mucho más interesante.

_____

• ¿Bolsas de plástico? Nunca. Voy con bolsas de papel para guardar la comida del día siempre que viajo. Compro fruta fresca en los mercadillos y voy a las tascas locales para comer.

_____

• Con este calor me estoy gastando un montón de dinero en botellas de agua. Tendría que comprarme una cantimplora para el viaje. No tengo remedio.

_____

Lee los blogs del apartado *¿Qué hace que unas vacaciones sean realmente memorables?* del libro del alumno. Basando tu respuesta en cada texto, qué palabra significa...

Palabra del blog	Blog	Palabra
1	14 de abril	sensacional
2	16 de abril	indisposición
3	30 de abril	temor
4	3 de mayo	inconcebible
5	20 de mayo	consideración

La familia García preparó su viaje veraniego a la costa de Almería. ¿Qué habían hecho antes de coger su avión para llegar al hotel? Utiliza el pretérito pluscuamperfecto de forma correcta.

Antes de coger su avión…

1 La familia García / preparar bocadillos para el viaje _____

2 El padre de la familia / poner crema de sol en la maleta _____

3 Los dos hermanos / desayunar fuerte para no tener hambre en el avión _____

4 La madre de la familia / coger los pasaportes y las tarjetas sanitarias _____

5 Los dos hermanos / llevar un par de libros electrónicos _____

6 Toda la familia / limpiar la casa y dejar comida en el congelador para la vuelta _____

7 El hermano mayor / sacar suficiente dinero del cajero _____

8 La familia García / dejar el perro con los vecinos _____

9 La madre / escribir al hotel sobre la hora exacta de su llegada _____

10 El padre y la madre / cerrar todas las puertas y ventanas de casa _____

1/9

Hace una semana que empezaste tu programa de voluntariado en Panamá. Escribe una postal de entre 70 y 150 palabras a tu amigo/a.

Debes mencionar lo siguiente:

- Cómo fue el trayecto al país dónde te encuentras
- Tareas que haces a diario
- Algo que te ha sorprendido desde tu llegada

1/10

Viajes y voluntariado. Busca en la siguiente sopa de letras las trece palabras relacionadas con los viajes y el voluntariado que aparecen a continuación.

Palabras

voluntariado

dichoso

experiencia

marginados

talleres

aprendizaje

apoyo

proyecto

recinto

comunidad

rehabilitar

orfanato

programa

V	Z	N	C	A	B	Y	S	L	T	D	D	P	E	G	F	C	M
O	P	G	R	P	A	Z	G	S	N	I	T	C	X	O	Q	Y	A
L	R	Y	E	R	U	P	I	R	R	C	A	O	P	R	Y	Y	R
U	O	C	C	E	Q	B	O	X	M	H	L	M	E	F	T	A	G
N	G	K	I	N	J	B	M	Y	N	O	L	U	R	A	T	O	I
T	R	M	N	D	C	I	R	O	O	S	E	N	I	N	T	T	N
A	A	J	T	I	G	V	D	J	H	O	R	I	E	A	Z	Q	A
R	M	M	O	Z	E	W	B	H	C	I	E	D	N	T	O	W	D
I	A	P	R	A	F	Z	H	T	T	T	S	A	C	O	T	A	O
A	P	U	R	J	K	Y	Y	D	W	S	D	D	I	N	P	H	S
D	L	S	S	E	P	R	O	Y	E	C	T	O	A	V	C	V	M
O	A	R	E	H	A	B	I	L	I	T	A	R	O	P	W	E	E

2 Me conecto

Repaso de gramática: escribe el adjetivo correcto para formar oraciones con el superlativo relativo. Se da un ejemplo. ¡Atención! Hay más palabras de las necesarias.

> aburrido • caro • conocida • desconocido • deseados
> escalofriante • famoso • feliz • graciosa • triste

Ejemplo: Ir al cine es uno de los pasatiempos más __caros__ hoy en día.

1 Penélope Cruz es la actriz española más _____ del mundo.

2 Antonio Banderas es el más _____ malagueño.

3 En mi opinión, *El orfanato* es la película más _____ del cine español.

4 *Shrek* es la película de animación más _____ .

5 *Mar adentro* tiene la historia más _____ de todas las películas españolas que he visto.

6 Los Goya son los premios más _____ por los actores españoles.

Construye frases en las que uses el superlativo como en el ejemplo.

Ejemplo: Español – idioma – fascinante → *El español es **el** idioma **más** fascinante.*

1 La Ciudad de México – ciudad – grande

_____

_____

2 Javier Bardem – actor – famoso

_____

_____

3 Facebook – red social – popular

_____

_____

4 iPhone – móvil – usado

_____

_____

5 Google – buscador – inteligente

_____

_____

6 Lorca – escritor – conocido

_____

_____

2/3

Cambia las frases siguientes al superlativo absoluto con *–ísimo/a*. Presta atención al uso del acento.

*Ejemplo: Ir al cine es **muy caro** hoy en día ➔ Ir al cine es **carísimo** hoy en día.*

1   Antonio Banderas es muy famoso en todo el mundo.

_____

2   Penélope Cruz es muy guapa.

_____

3   Belén Rueda es una actriz muy buena.

_____

4   Pienso que *Shrek* es una película muy graciosa.

_____

5   Creo que *Mar adentro* es una película muy aburrida.

_____

6   Los actores españoles son muy importantes para el mundo cinematográfico.

_____

_____

_____

Lee las pistas y completa el crucigrama. ¡Atención! Si es un nombre, hay que ponerle delante el artículo correspondiente (*el* o *la*).

Horizontal

1 Un tipo de programa en que sale gente en la vida real.

4 La persona que canta en la competición.

7 La persona que ayuda a los concursantes.

8 La persona en la competición.

Vertical

1 El sonido que hace la boca.

2 Aparecer en la televisión.

3 Por ejemplo, la tele, la radio etc.

5 La competición.

6 El grupo.

9 El grupo de personas que son como los mentores y toman la decisión final.

2/5

Elige el adjetivo demostrativo correcto.

Ejemplo: Estos/Este concursantes cantan muy bien.

1 ¿Te gusta *este/esta* actriz?

2 No puedo ir a *esa/ese* sesión, es demasiado tarde.

3 *Estos/Estas* películas de Penélope Cruz son muy emocionantes.

4 *Estos/Estas* actores son muy buenas.

5 *Aquel/Aquella* programa era muy corto.

6 *Esos/Esas* premios son muy importantes.

2/6

Escribe el adjetivo demostrativo apropiado para cada espacio.

1 _____ libro que está aquí encima de la mesa narra una historia muy emocionante.

2 El concierto de Shakira es _____ fin de semana, ¡quedan solo dos días!

3 _____ programa musical tan exitoso de los años 80 no tendría tanta audiencia hoy en día.

4 ¿Te apetece venir a mi fiesta de cumpleaños el sábado 20 de mayo? _____ día no puedo, lo siento.

5 ¿Prefieres montar en _____ bicicleta de aquí o en _____ otra que está ahí apoyada en la pared?

6 Trepó a _____ árbol de allí, el que está al otro lado del parque.

2/7

Escribe las definiciones para el crucigrama.

1 *Se encuentran en las calles.*

2 _____

3 _____

4 _____

5 _____

6 _____

7 _____

8 _____

Crucigrama:

1 ↓ V A L L A S
2 → R A D I O
3 ↓ T E L E V I S I Ó N
4 → P A Q U E T E S
5 → I N T E R N E T
6 ↓ R E V I S T A
7 → P E R I Ó D I C O S
8 → F O L L E T O S

2/8

1 Subraya los adverbios de lugar en las frases siguientes que los contienen.

1 La valla se encuentra cerca del supermercado.

2 Aquí está el periódico, al lado de la televisión.

3 El quiosco donde compro revistas y periódicos está lejos de mi casa.

4 Delante del colegio hay una marquesina.

5 Hay unos letreros luminosos encima del edificio.

6 Hay muchos lapiceros arriba, en la habitación de Luis.

7 Los pósteres están detrás del sofá.

8 Las revistas están debajo de la mesa.

9 Dentro de la caja hay unos folletos.

2 Elige el adverbio de lugar adecuado para cada espacio.

allí • aquí • cerca • delante • encima • dentro • detrás • encima • lejos

1 _____ de la tienda hay unas vallas.

2 Madrid está bastante _____ de Málaga.

3 Los libros están _____ de la mesa.

4 _____ del bolso hay unos cuadernos y una carpeta.

5 El perro está sentado _____ del sofá.

6 No vive muy _____ de mis padres.

7 ¿Dónde están mis llaves? Están _____.

8 ¿Dónde está la biblioteca? Está _____.

9 La bolera está _____ del cine.

2/9

Escribe las frases en el orden correcto.

1 rapidísimo. / comunicarme / mis / gusta / amigos / con / Me

_____

2 redes sociales / que / peligrosas. / las / muy / Creo / son

_____

3 a / Prefiero / inteligente / conectarme / mi / Internet. / móvil / usar / para

_____

4 vivir / Internet. / hoy / sin / imposible / día / Es / en

_____

5 música / Ahora / de / retransmisión / *Spotify.* / aplicación / mi / favorita / por / una / como / escucho

_____

6 como / películas / y / una / programas / plataforma / Suelo / Netflix. / bajo / en / ver / demanda

_____

Escribe una ventaja y una desventaja para cada plataforma digital.

1   Facebook

Ventaja: _____

Desventaja: _____

2   Spotify

Ventaja: _____

Desventaja: _____

3   Instagram

Ventaja: _____

Desventaja: _____

4   Whatsapp

Ventaja: _____

Desventaja: _____

5   Twitter

Ventaja: _____

Desventaja: _____

3 Educación para todos

Elige el verbo del recuadro más adecuado para cada frase, conjúgalo en la forma correcta del futuro y completa las frases.

dejar • haber • entender • ser • publicar • ser • poder • hacer

Ejemplo: Seguramente la película <u>hará</u> *pensar a muchas personas sobre la importancia de la educación.*

1 El Ministerio de Educación _____ mañana las estadísticas de los jóvenes que han estudiado Educación Secundaria en los últimos cinco años.

2 Creo que la deserción escolar _____ de estar presente en la sociedad colombiana si se mejora la educación.

3 Muchos argentinos _____ muy bien *El aula vacía* porque han vivido las mismas experiencias.

4 Seguramente las experiencias personales en la escuela _____ muy distintas según los países.

5 Las personas con discapacidades _____ tener acceso a la educación secundaria y superior con la reforma de la Ley de Educación en México.

6 El abandono escolar _____ aumentado en España en los últimos años debido a la falta de plazas en Formación Profesional.

7 Los jóvenes entre 18 y 24 años _____ testigos de cambios en el sistema educativo en España.

3/2

¿Cómo serán los colegios del futuro?

Completa el siguiente párrafo haciendo predicciones sobre los colegios del futuro usando los verbos dados.

Los colegios del futuro *serán* (ser) muy distintos a los de ahora. En los colegios del futuro no _____ (haber) muchas aulas; _____ (tener) pocas aulas, pero muy grandes. No _____ (nosotros, tener) profesores, solo salas con ordenadores con la última tecnología. _____ (nosotros, poder) escuchar *podcasts*, ver vídeos y utilizar juegos educativos interactivos. Imagino que no _____ (ser) necesario tener una biblioteca con libros y libros de referencia, así que, ese espacio _____ (estar) destinado para una gran sala de juegos interactivos. No _____ (nosotros, hacer) deberes en casa ni _____ (nosotros, tener) que ir al colegio todos los días. Y, por supuesto, no _____ (haber) que llevar uniforme.

3/3

Lee la siguiente entrada en un blog de estudiantes de Madrid y escribe tu propia entrada con información sobre lo siguiente:

- El curso que estás haciendo y su lugar en el sistema educativo

- Qué harás cuando acabes el curso dentro de las posibilidades que existen en el sistema educativo de tu país

- Qué otras opciones hay; razones de tu elección

- Qué harás cuando acabes: ¿estudiarás en la universidad? ¿Trabajarás?

RAFAEL, 16, Madrid

Ahora estoy terminando el último curso de la Educación Secundaria Obligatoria (ESO) en un instituto público de Madrid y seguro que aprobaré todas las asignaturas con buenas notas. ¿Y ahora qué? Bueno, algunos de mis amigos de la ESO van a hacer algún módulo de Formación Profesional (FP) de electrónica, diseño, hostelería, o algo así. Yo voy a hacer Bachillerato en la rama de Humanidades y Ciencias Sociales porque siempre me ha gustado la economía y me gustaría estudiar Empresariales en la universidad cuando acabe los dos años de Bachillerato.

3/4

Construye frases dando una opinión a partir de los componentes dados. Necesitas poner el verbo en negrita en la forma correcta.

*Ejemplo: modernización / las escuelas rurales / pienso que / **necesitar** → Pienso que las escuelas rurales necesitan modernización.*

1 las personas mayores / demasiada importancia / me parece que / **dar** / al tipo de centro

2 justo / la educación bilingüe / solo / **ser** / que / no me parece / para unos pocos privilegiados

3 **ofrecer** / la educación religiosa / para mis padres / solo / educación en valores

4 en mi país / que / no estoy convencida de / bien / la educación privada / **funcionar**

5 creo / bien formados / pocos recursos / los profesores / pero / que / *estar* / hay

3/5

Une las dos frases con uno de los conectores temporales en el recuadro y realiza los cambios necesarios en las frases.

> cuando • al • mientras • antes de • después de
> hace • desde • desde hace • desde que

Ejemplo: Juan salió con el equipaje. La familia anfitriona estaba esperando. → Cuando Juan salió con el equipaje, la familia anfitriona estaba esperando.

1 Mi colegio hace un intercambio con un colegio de Guatemala. Los estudiantes se alojan con familias guatemaltecas.

2 La lista con las familias anfitrionas se ha hecho ya pública en la página web del colegio. Envié un correo electrónico a mi familia.

3 Paga el viaje. Recibirás confirmación por correo electrónico.

4 Ir a estudiar a otro país. Los estudiantes deberían solicitar el carné de estudiante internacional.

5 Nosotros estudiamos en un colegio de Asturias. Los estudiantes de alemán estudian en un colegio de Berlín.

6 Nuestro colegio hace intercambios con América Latina. Los intercambios empezaron hace 10 años.

7 La primera vez que fui a España a estudiar en verano fue en el 2010. Voy todos los años.

8 Leo en español regularmente. He aprendido mucho vocabulario.

9 Mi hermana estudia español en el colegio. Empezó a estudiar hace cinco años, pero todavía no ha estado en ningún país hispano.

3/6

· ·

Has solicitado un intercambio con un instituto español. Responde las siguientes preguntas sobre tu experiencia acerca de aprender español utilizando las expresiones temporales del recuadro.

hace • hace… que • desde • desde hace • desde que

1 ¿Desde cuándo estudias español?

_____

2 ¿Cuándo empezaste a estudiar español?

_____

3 ¿Cuánto tiempo hace que estudias la otra lengua extranjera?

_____

4 ¿Has tenido alguna vez alguna experiencia de intercambio o visita a un país extranjero? ¿Desde cuánto hace que tuviste la última experiencia en un país extranjero?

_____

3/7

· ·

Termina las siguientes frases.

*Ejemplo: Yo, en su lugar, **no haría ese curso.***

1 Nos gustaría empezar a estudiar mandarín, pero _____

2 Querría solicitar una beca, pero _____

3 Si no puedes escribirme un correo, _____

4 Tendría que repetir este curso, aunque _____

5 Haría más actividades en línea después de _____

6 Si puedes, ¿por qué no _____?

Consejos de las TIC. En las frases siguientes se presentan algunos consejos teniendo en cuenta algunas ventajas y desventajas para estudiantes y profesores de las tecnologías de la información y de la comunicación (TIC). ¿Qué formas verbales necesitas? Complétalas.

Ejemplo: Si _utilizas_ (tú, utilizar) tecnologías de la información y de la comunicación (TIC), _puedes/podrás_ (tú, poder) aprender de forma más rápida y activa.

1 Si _____ (tú, querer) un aprendizaje más personalizado, _____ (tú, tener) acceso a múltiples recursos educativos y entornos de aprendizaje con las TIC.

2 Si _____ (vosotros, necesitar) ayuda para la Educación Especial, las TIC _____ (permitir) la atención y la adaptación individualizadas.

3 Si los profesores _____ (hacer) uso de las TIC, la evaluación _____ (ser) más fácil.

4 Si _____ (nosotros, aprender) usando las TIC, _____ (nosotros, encontrar) información poco fiable.

5 Muchos estudiantes _____ (poder) aislarse, e incluso _____ (llegar) a tener adicción, si su aprendizaje

_____ (estar) basado en las TIC.

4 La cultura juvenil

Aquí tienes un extracto de una canción, *Clandestino*, de Manu Chao. Busca la canción en Internet para escucharla, luego escribe un resumen. ¿De qué trata la canción? ¿Te gusta o no? ¿Por qué?

Solo voy con mi pena

Sola va mi condena

Correr es mi destino

Para burlar la ley

Perdido en el corazón

De la grande Babylon

Me dicen el clandestino

Por no llevar papel

Pa' una ciudad del norte

Yo me fui a trabajar

Mi vida la dejé

Entre Ceuta y Gibraltar

4/2

Empareja las frases. ¡Atención! Hay más finales de los necesarios.

1 Para mí la música es una parte…

2 Tocaba el piano cuando era joven, pero ahora…

3 Me encanta ir a conciertos, pero desafortunadamente…

4 Diría que ver un grupo en directo…

5 Ya no compro CD…

6 La música clásica es…

A las entradas cuestan mucho.

B tocaba el violín.

C aburrida de la rutina cotidiana.

D ya que prefiero los discos.

E muy popular.

F prefiero bajar la música por Internet, ya que es más rápido.

G es mucho más emocionante que escuchar los CD.

H tiene que practicar todos los días.

I muy importante de mi vida.

J no tengo tiempo para practicar.

K muy relajante.

L los billetes son baratos.

M no es muy emocionante.

4/3

Escribe una comparación, con *más* o *menos*, entre las dos cosas mencionadas. Presta atención a los adjetivos haciéndolos concordar en género y número con el nombre correspondiente.

Ejemplo: la foto – bonito – el cuadro → *La foto es **más** bonita **que** el cuadro. / La foto es **menos** bonita **que** el cuadro.*

1 los perros – grande – los gatos

_____

2 la televisión – informativo – la radio

_____

3 un correo electrónico – rápido – una carta

_____

4 los hombres – fuerte – las mujeres

_____

5 el oro – caro – la plata

_____

6 la fruta – sano – el chocolate

_____

4

La cultura juvenil

4/4

Identifica los adjetivos indefinidos en el texto y subráyalos.

La semana pasada visité una galería de arte donde conocí a todos los artistas que tenían algún cuadro en la exposición. Empezaron a hablar sobre el grafiti y de que es algo bueno, pero ninguna de las personas me convenció sobre el beneficio de pintar en las paredes. En mi opinión, cualquier tipo de grafiti es vandalismo, pero otro punto de vista es que es arte y algunos piensan que tiene un mensaje profundo.

4/5

Completa los espacios con un indefinido del recuadro. ¡Atención! Hay más opciones de las necesarias.

algunas • algunos
cada • otras • cualquier
otros • ninguna
ninguno • todas
algunas • ningunos
cualquiera • todo

Esta semana ha sido mejor que las [1]_____ porque fui a una exposición de fotos de grafiti en lugares interesantes. [2]_____ foto me pareció aburrida, ya que mostraban un lado diferente del arte y [3]_____ imágenes me hicieron considerar mi opinión sobre el grafiti. [4]_____ imagen me "imagen me mostró que" mostró que [5]_____ grafitis son mejores que [6]_____, depende de los colores que utilizan o de lo que representan. [7]_____ persona puede ver [8]_____ las fotos en la galería hasta final de mes.

4/6

Escribe una reseña de una película que hayas visto recientemente. Incluye lo siguiente:

• Información de la película (nombre, actores, resumen de la historia, el género)
• Si te ha gustado y por qué
• Lo que no te ha gustado y por qué
• El estilo del director
• El contexto histórico y cultural

_____
_____
_____
_____
_____
_____
_____
_____
_____

20

4/7

Escribe una pregunta adecuada para las siguientes frases.

1   Me gustan mucho las películas de acción.

_____

2   El Festival de Cine de San Sebastián tiene lugar en el norte de España.

_____

3   Los miembros de CNCO son Joel, Erick, Christopher y Zabdiel.

_____

4   Isabel Allende ha escrito *La casa de los espíritus*.

_____

5   Mi programa favorito es *La voz*.

_____

6   No me gusta nada ir al teatro.

_____

4/8

Elige el pronombre relativo más adecuado para cada frase.

1   La fiesta _____ celebré fue muy divertida.

2   Sofía Reyes es la artista con _____ ha cantado Luis Fonsi.

3   La fiesta de comedia de Edimburgo, _____ se celebra en el verano, tiene mucho talento nuevo cada año.

4   Picasso es el artista _____ obras están muy reconocidas.

5   Juan te prestó un libro _____ es mío.

6   Mi tía, _____ es autora, me va a escribir un poema.

4/9

Completa las frases siguientes usando una expresión de cantidad. ¡Atención! Hay más de las necesarias.

> bastante • demasiado • más • muchas • muy • pocos
> mucha • poca • demasiada • menos

1 Recientemente he ido a ver un musical en el teatro.

Había _____ personas.

2 Creo que ir al teatro es _____ interesante.

3 Me gustaría que hubiera _____ eventos locales.

4 Me encuentro _____ ocupado para ir al teatro.

5 Hay _____ actores buenos en nuestro
teatro local.

4/10

Elige las palabras correctas para completar el texto.

No tengo *mucho/poco* tiempo libre porque siempre tengo *muchas/muchos* deberes, sin embargo, cuando puedo, me gusta salir con mis amigos. La verdad es que voy *más/poco* al teatro porque las entradas son *muchos/bastante* costosas y es *más/poco* barato ver una película en el cine. Alguna gente piensa que ir al cine es *demasiado/mucho* caro y es *más/demasiado* barato quedarse en casa y ver una película en DVD.

5/1

¿Qué profesión es? Empareja la definición con las profesiones correspondientes del recuadro.

artista • deportista • ingeniero/a • operador/a • azafato/a
enfermero/a • reportero/a • bombero/a • guardia de seguridad
médico/a • cocinero/a • mujer de negocios • soldado

1 Vigila el patrimonio público o privado, el transporte de fondos en vehículos blindados o centros privados y públicos.

_____

_____

2 Forma parte del ejército y ejerce varias funciones.

_____

_____

3 Persona que se dedica profesionalmente a alguna de las bellas artes.

_____

_____

4 Persona que se dedica profesionalmente a cocinar.

_____

_____

5 Trabaja en un periódico o para una cadena de televisión.

_____

_____

6 Practica la medicina en ámbitos concretos.

_____

_____

7 Trabaja para una aerolínea.

_____

_____

8 Desarrolla tecnologías para el funcionamiento de máquinas o construcciones específicas.

_____

_____

9 Apaga incendios, pero puede tener otras funciones como en el caso de inundaciones de casas o salvamento de personas y animales.

_____

_____

10 Se dedica profesionalmente al deporte.

_____

_____

11 Técnico encargado de manejar y hacer que funcionen ciertos aparatos.

_____

_____

12 Ayuda a médicos/as o cirujanos/as. Atiende a enfermos, heridos o lesionados bajo las prescripciones de un/a médico/a.

_____

_____

13 Mujer emprendedora que trabaja para una empresa.

_____

_____

5 ► El mundo laboral

5/2

Vuelve a leer los textos de los participantes del primer foro *OPPOE* y decide si las siguientes afirmaciones son verdaderas (V) o falsas (F). Justifica todas tus respuestas.

		V	F
1	Asier trabajaba mientras estudiaba para poder pagarse la carrera.		
2	Asier no tiene trabajo en estos momentos.		
3	Elena quería continuar estudiando después del instituto.		
4	David vive lejos de la universidad.		
5	A Gema le preocupa separarse de su familia, así que no quiere trabajar en el extranjero.		

5/3

Completa las frases con la forma correcta del pretérito pluscuamperfecto de los verbos entre paréntesis.

1 Cuando le llamaron para la entrevista, ya _____ trabajo. (encontrar)

2 Cuando por fin encontré trabajo, ya _____ la esperanza. (perder)

3 Cuando terminamos Bachillerato, ya _____ nuestros currículums. (escribir)

4 No nos dieron el trabajo porque no _____ prácticas laborales. (hacer)

5 Supe que mi madre no _____ el trabajo porque llegó muy triste a casa. (conseguir)

6 Abandoné la carrera el segundo año porque _____ la mayoría de las asignaturas. (suspender)

7 Llamamos a la agencia de selección de personal porque _____ el anuncio en el periódico. (ver)

8 Cuando la situación económica empeoró, mi hermano ya _____ a trabajar al extranjero. (irse)

5/4

Escribe dos anuncios de trabajo para el tablón de anuncios de tu periódico local. Debes incluir lo siguiente:

1 Un trabajo que puedas combinar con tus estudios actuales.

2 Tu trabajo ideal para después de tus estudios.

Trabajo ofertado

_____

Requisitos de personalidad, experiencia y/o estudios

_____

_____

_____

_____

Tipo de contrato **Horario** **Salario**

_____ _____ _____

Trabajo ofertado

_____

Requisitos de personalidad, experiencia y/o estudios

_____

_____

_____

_____

Tipo de contrato **Horario** **Salario**

_____ _____ _____

5/5

Utiliza esta plantilla para escribir tu currículum. Consulta el currículum de Elisenda en el libro del alumno para repasar el contenido y el formato de las diferentes secciones.

Nombre		FORMACIÓN COMPLEMENTARIA	
Dirección postal			
Teléfono			
Correo electrónico		Conocimientos informática	
EXPERIENCIA PROFESIONAL		Cursos y certificados	
		OTROS DATOS DE INTERÉS	
		Varios	
FORMACIÓN ACADÉMICA		Idiomas	
		Ocio	

5/6

Rellena la tabla con la forma correcta del verbo *trabajar*.

Pronombres personales	Presente	Pretérito indefinido	Pretérito imperfecto	Pretérito pluscuamperfecto	Futuro simple
yo	trabajo				
tú		trabajaste			
él/ella/usted			trabajaba		
nosotros/as				habíamos trabajado	
vosotros/as					trabajaréis
ellos/ellas					

5/7

Elisenda ha sido invitada a una entrevista laboral para el trabajo que solicitó. Lee su carta de solicitud de empleo en el libro del alumno y utiliza la información de la carta para contestar a las preguntas del señor Esquival. Inventa las respuestas que no se mencionan en la carta.

1 ¿Cuáles son tus puntos fuertes profesionales?

_____

_____

_____

_____

_____

2 ¿Cuáles crees que son tus puntos débiles?

_____

_____

_____

_____

_____

3 ¿Por qué quieres dejar tu trabajo en la tienda?

_____

_____

_____

_____

4 ¿Qué experiencia puedes aportar?

_____

_____

_____

_____

5 ¿De dónde viene tu interés por el mundo de la comunicación y las relaciones públicas?

_____

_____

_____

_____

5/8

Enlaza las palabras relacionadas con el mundo del trabajo con su correspondiente significado.

1 Profesión ☐
2 Negocio ☐
3 Oficina ☐
4 Pausa para comer ☐
5 Productividad ☐
6 Empleado ☐
7 Absentismo laboral ☐
8 Sueldo ☐
9 Contrato laboral ☐
10 Despido ☐
11 Paro ☐
12 Vacaciones ☐

A Documento de trabajo.
B Cese de actividad laboral.
C Producción o rendimiento de trabajo.
D Trabajo habitual de una persona.
E Remuneración de un trabajo.
F Lugar donde se realiza un trabajo determinado.
G Actividad realizada para obtener un beneficio.
H Persona que trabaja en una empresa.
I Periodo prolongado de descanso.
J Ausencia del puesto de trabajo.
K Paro determinado de una actividad para desayunar o almorzar.
L Pérdida de trabajo.

5/9

Escribe una carta formal al tutor de Bachillerato de tu instituto sobre el trabajo que querrías hacer en el futuro. Escribe entre 70 y 150 palabras.

5/10

Con un/a compañero/a, buscad los antónimos de los siguientes adjetivos. Después escribe un correo electrónico a tu mejor amigo/a describiendo a dos de tus compañeros/as de clase. Utiliza al menos cuatro adjetivos de la lista para describirlos.

interesante • simpático/a • contento/a
atrevido/a • atractivo/a • duro/a
fuerte • útil • listo/a
nuevo/a • rápido/a • rico/a

6 Los deportes y la salud

Elige dos deportes diferentes a los que aparecen en la actividad 1 del libro de alumno y descríbelos sin decir el nombre del deporte. En la descripción di si es un deporte de equipo, el número de jugadores, lo que necesitas y dónde se juega.

1 _____

_____

_____

2 _____

_____

_____

6/2

Completa la frase con el verbo en el imperativo afirmativo (informal).

1 ¡_____ los deberes! (hacer)

2 ¡_____ al club de ajedrez conmigo! (venir)

3 ¡_____ a clase en seguida! (ir)

4 ¡_____ al perro! (pasear)

5 ¡_____ tu dormitorio! (limpiar)

6 ¡_____ el coche! (lavar)

7 ¡_____ la mesa! (poner)

8 ¡_____ el coche! (parar)

6/3

Cambia las oraciones afirmativas a negativas.

1 Vete a la cama. _____

2 Habla con tu hermano. _____

3 Apúntate al curso de italiano. _____

4 Come todas las verduras. _____

5 Bebe la leche. _____

6 Ven aquí. _____

7 Baila conmigo. _____

8 Escucha a tu madre. _____

6/4

El Plan Saludable te ofrece consejos para elegir una vida sana. Lee los consejos. Completa cada frase con el subjuntivo del verbo.

1 Te aconseja que _____ a la cama más temprano. (irse)

2 Te recomienda que _____ más ejercicio cada semana. (hacer)

3 Te sugiere que _____ por lo menos ocho vasos de agua al día. (beber)

4 Te prohíbe que _____. (fumar)

5 Te recomienda que _____ a dar un paseo cuando puedas. (salir)

6 Te sugiere que _____ ocho horas cada noche. (dormir)

7 Te prohíbe que _____ tanta comida grasa. (comer)

8 Te pide que no _____ tanta cafeína cada día. (consumir)

6/5

Categoriza los alimentos de abajo en *muy sanos, menos sanos* y *no saludables.* Explica las razones de esta decisión.

Ejemplo: Las hamburguesas son poco saludables porque contienen mucha grasa.

las verduras

la carne

el pescado

la pizza

el agua con gas

el zumo de naranja

la mantequilla

las salchichas

el arroz

el té

la leche

el queso

las galletas

el pastel

la mermelada

las hamburguesas

el café

el aceite

Muy sanos	Menos sanos	No saludables
		las hamburguesas

6/6

Lee el texto *Refugios juveniles* otra vez. Busca los sinónimos de las siguientes palabras:

1 ayudar: _____

2 afuera: _____

3 recibir: _____

4 tienen: _____

5 distribuida: _____

6 comida: _____

7 no hace falta: _____

8 municipalidades: _____

6/7

Acabas de empezar un nuevo curso en el instituto. Imagina que tú eres el/la profesor/a.
Mira las imágenes y escribe un consejo apropiado para los/as estudiantes.

Ejemplo: 1 Te recomiendo que llegues a clase a tiempo.

1 _____

2 _____

3 _____

4 _____

5 _____

6 _____

6/8

Da seis consejos a jóvenes que tienen problemas de salud. Menciona la causa y el efecto.

Causa	Efecto
Comer mucha comida grasa	tener problemas cardiacos
Comer mucha comida rápida	engordar
Hacer ejercicio	mantenerse en forma, perder peso
Dormir cinco horas cada noche	tener sueño
No hacer ejercicio	sentirse estresado/a
No beber suficiente agua	estar deshidratado/a
Tener mucho estrés en la vida	tener la tensión arterial alta

Ejemplo: Si haces ejercicio, puedes perder peso. Te aconsejo que vayas al gimnasio dos veces a la semana.

1 _____

2 _____

3 _____

4 _____

5 _____

6 _____

6/9

Usa el conector más apropiado para completar la frase. Pueden usarse más de una vez.

> así que • aunque • por eso • pero • sin embargo

1 _____ no me apetece comer mucho por la mañana, siempre tomo un café.

2 No me gusta como tratan a los animales, _____ quiero ser vegetariano.

3 Hay que tomar cinco porciones de frutas y verduras al día, _____ es bastante difícil.

4 Quiero ir al gimnasio todos los días, _____ no tengo tiempo.

5 Me encanta correr y escuchar música, _____ siempre pongo a mi artista favorita.

6 _____ el fútbol es un deporte muy popular, no me gusta nada.

7 La Tierra en peligro

7/1

Busca las palabras relacionadas con el medioambiente en la siguiente sopa de letras.

> basura • contaminación • deforestación • desertización
> calentamiento • energía • polución • reciclaje

X	Y	D	R	M	I	T	V	F	T	U	W	J	N	R
Á	É	J	Z	N	Q	S	L	T	Z	O	J	Q	Ó	E
D	E	S	E	R	T	I	Z	A	C	I	Ó	N	Z	C
A	B	F	D	K	M	P	R	I	P	S	V	N	H	I
C	O	N	T	A	M	I	N	A	C	I	Ó	N	J	C
C	A	P	R	S	V	Ó	T	A	S	T	Ú	Q	E	L
C	A	L	E	N	T	A	M	I	E	N	T	O	G	A
É	Z	M	W	É	T	S	R	N	T	R	P	Í	F	J
E	D	B	R	B	A	S	U	R	A	P	R	A	E	E
N	Í	Ñ	R	T	R	Ó	R	B	Z	P	N	Ó	D	B
E	L	P	O	L	U	C	I	Ó	N	É	N	M	L	Á
R	A	D	E	F	O	R	E	S	T	A	C	I	Ó	N
G	Á	Ó	J	P	R	R	S	C	R	S	F	G	U	S
Í	É	M	Ñ	Q	Ó	R	Ú	Z	R	W	A	Í	B	L
A	Ú	M	P	T	S	Ó	V	V	D	É	Z	Y	N	A

7/2

¿Dónde lo reciclas? Coloca cada objeto en el contenedor correspondiente.

> papel de envolver • corteza de pan • aerosol
> desodorante en espray • botella de vidrio • caja de cartón
> bolsa de plástico • periódico • frasco de perfume
> aceite de moto • bombilla rota • vaso de plástico
> lata de atún • lata de tomate • piel de plátano
> tetrabrik de zumo • pilas no recargables • cáscara de huevo
> tarro de mermelada • libreta de escuela • restos de comida
> bote de pintura • insecticida • botella de cava
> bandeja de aluminio • plantas

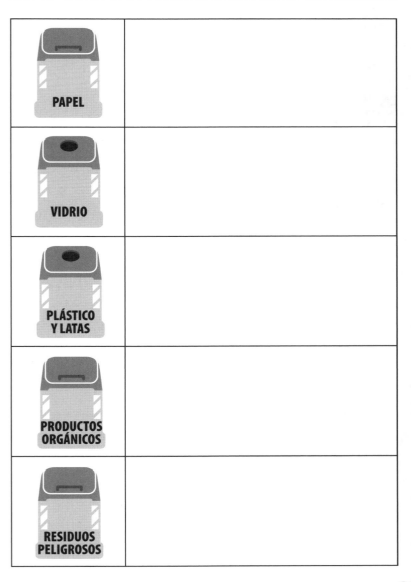

PAPEL	
VIDRIO	
PLÁSTICO Y LATAS	
PRODUCTOS ORGÁNICOS	
RESIDUOS PELIGROSOS	

7/3

Relaciona la causa y el efecto en las siguientes afirmaciones.
¡Atención! No debes repetir ningún conector.

Causa	Efecto
Los desechos de plástico frecuentemente acaban en nuestros océanos.	La desforestación de nuestros bosques es cada vez más preocupante.
Estamos talando nuestros árboles sin pensar en las generaciones futuras.	La polución acústica es mayor que antes.
Hay una nueva generación de gente creativa consciente de la salud de nuestro entorno.	Los vertederos continúan emitiendo gases de efecto invernadero.
Nuestras ciudades son muy ruidosas.	Muchos animales marinos mueren intoxicados, heridos o atrapados en ellos.
Nuestros vertederos están llenos.	Suprarreciclar se ha puesto de moda.

*Ejemplo: La polución acústica es mayor que antes **puesto que** nuestras ciudades son muy ruidosas.*

_____

_____

_____

_____

_____

_____

7/4

Escribe una lista de las ventajas y desventajas de las bolsas de plástico.

Las bolsas de plástico	
Ventajas	Desventajas

7/5

Piensa en tu entorno habitual. ¿Para qué utilizas bolsas de plástico? ¿Cuál sería la alternativa? Escríbelo.

Ejemplo: Para llevar el almuerzo al instituto. → *Utilizar envases reutilizables y una bolsa de tela reutilizable.*

_____

_____

_____

_____

_____

_____

_____

_____

_____

7/6

¿Hablamos de comercio justo? Completa el texto con las palabras del recuadro.

etiqueta • consumidores • mercado • productos • grandes multinacionales • derechos • tiendas • sueldo • clientela

Cada vez es más común encontrar [1] _____ de comercio justo en muchos supermercados. Incluso hay

[2] _____ especializadas que solo venden este tipo de productos, y lo hacen con éxito. La [3] _____

es de lo más variada, desde jóvenes a gente mayor y el [4] _____ va en aumento. La [5] _____

de comercio justo significa no solo calidad, sino también permite regular los [6] _____ de los trabajadores, que

cobran un [7] _____ justo por lo que producen. Los [8] _____ , contentos por la variedad de sus

productos, vuelven a comprar otra vez en sus tiendas, encantados de repetir, a pesar de que sean un poco más caros.

Creo que las [9]_____ deberían aprender de las pequeñas empresas de comercio justo. Están mejorando la calidad

de vida de muchas personas.

7/7

Completa el crucigrama con la forma correcta del condicional de cada verbo. ¡Atención a los verbos con raíz irregular en el condicional!

Horizontal

2 tocar (ellos)

3 poder (yo)

5 querer (nosotros)

8 utilizar (tú)

10 desperdiciar (él)

11 tener (nosotros)

12 ser (ellos)

Vertical

1 poner (vosotros)

4 reciclar (tú)

6 comer (yo)

7 ayudar (yo)

9 ir (nosotros)

7/8

Completa los espacios en blanco con la forma correcta del condicional.

Tendría que habértelo dicho. Me [1] _____ (gustar) vender el coche que tenemos porque, la verdad, ya no lo necesitamos. [2] _____ (ser) mucho mejor porque así [3] _____ (gastar) menos al mes, piénsalo, tienes que añadir seguro, gasolina, reparaciones. Además nos [4] _____ (acostumbrar) a ir en bicicleta cada día al trabajo, que lo tenemos al lado, y han hecho unos carriles bici fabulosos. Si decidiéramos irnos de vacaciones como el año pasado por Europa, [5] _____ (alquilar) un vehículo durante una o dos semanas con el dinero ahorrado y no nos [6] _____ (preocupar) por las reparaciones o por la molestia de tener que guardarlo en un garaje que tenemos que pagar. ¿No te parece? Piensa en la cantidad de dinero que nos [7] _____ (ahorrar) y el tiempo que [8] _____ (ganar) sin preocuparnos por tener un vehículo que casi ni usamos. Pero lo más importante es que [9] _____ (mejorar) el medioambiente. Al menos [10] _____ (poner) nuestro granito de arena. Hay que venderlo.

Lee de nuevo la *Guía para reducir tu consumo eléctrico* en el libro del alumno.
Completa el cuestionario con preguntas apropiadas.

¿Desperdicias electricidad en tu hogar?

Ejemplo: 1 ¿Desenchufas el cargador cuando tu móvil no se está cargando?

A A veces.

B Casi siempre.

C Siempre.

4 ¿

_____?

A Plancho cada vez que necesito una prenda que requiere plancha.

B Plancho una vez a la semana y plancho todo en una sola sesión.

C No plancho casi nunca porque compro ropa que no necesita plancha.

2 ¿_____

_____?

A El radiador más cercano está a menos de un metro del frigorífico.

B El radiador más cercano está al otro lado de la cocina.

C No hay calefacción en la cocina.

5 ¿_____

_____?

A Siempre me olvido de apagar las luces al salir de una habitación.

B Generalmente apago las luces cuando salgo de una habitación.

C Siempre apago las luces cuando salgo de una habitación.

3 ¿_____

_____?

A Siempre pongo algo de detergente extra para que la ropa salga más limpia.

B No lo sé porque no miro las instrucciones y pongo el detergente que me parece.

C Leo las instrucciones y pongo la cantidad recomendada por el fabricante.

7/10

Responde a las preguntas del cuestionario para ti mismo. ¿Desperdicias electricidad en tu hogar? Escribe una evaluación de la eficacia de tu consumo eléctrico. Incluye un plan de acción para reducir el gasto de electricidad innecesario.

En mi opinión (no) desperdicio...

Pienso que podría/debería...

_____

_____

_____

_____

_____

_____

_____

_____

7/11

Lee las siguientes oraciones condicionales sobre el medioambiente y coloca la forma de los verbos (condicional e imperfecto de subjuntivo) de manera correcta.

- Si [1] _____ (ir) más en bicicleta, tendríamos menos problemas de contaminación en las ciudades.

- Si [2] _____ (utilizar) más la energía solar, sería mucho más beneficioso para ahorrar energía.

- Si recicláramos todos, [3] _____ (aprovechar) mejor los desechos.

- Si [4] _____ (tomar) duchas en vez de baños, ahorraríamos litros de agua diarios.

- Si consumiéramos productos locales, no [5] _____ (hacer) que grandes cantidades de artículos de consumo viajasen grandes distancias.

- Si no [6] _____ (poner) nuestra compra en bolsas de plástico, no llenaríamos el mar y la tierra con este producto dañino.

- Si no [7] _____ (tirar) tanta ropa a la basura y la [8] _____ (reutilizar) más, no llenaríamos las zonas de reciclaje con grandes cantidades de prendas.

8 Relaciones sociales y familiares

8/1

1 Clasifica las siguientes palabras según su valoración positiva o negativa.

> fantástico/o • innecesario/a
> estupendo/a • bárbaro/a • genial
> original • aburrido/a • peligroso/a

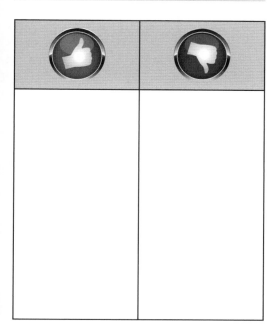

2 Escribe cinco frases expresando tu opinión sobre las siguientes actividades de tiempo libre de una página para jóvenes.

Ejemplo: Visita a la ciudad en bicicleta. ➔ *Me parece original visitar la ciudad en bicicleta.*

1 Concierto de música clásica para jóvenes.

_____

2 Cursillo de cocina y tapas.

_____

3 Mañana de compras y mercadillos.

_____

4 Descenso del río en balsas fabricadas por vosotros.

_____

5 Colaboración con la campaña Apadrina a un Abuelo.

_____

8/2

¿Qué piensas tú? Lee los siguientes titulares y escribe un mensaje para el foro Jóvenes Hoy dando tu opinión sobre el Día Internacional de la Familia. Utiliza las frases para expresar opinión del recuadro "Grámatica en contexto".

Ejemplo: El día 15 de mayo se celebra en todo el mundo el Día Internacional de la Familia. ➔ *A mí me parece una idea estupenda porque así nos reunimos para celebrarlo.*

1 Los jóvenes de hoy prefieren hacer amigos en la Red.

2 ¿Por qué los jóvenes recurren a sus amigos antes que a los padres cuando tienen un problema?

3 Los padres y los educadores han de ser modelos para los jóvenes.

4 ¿Los móviles y las redes sociales hacen más sociables a los jóvenes?

5 La familia: ¿un tesoro en peligro?

8/3

Elige uno de los dos pronombres para cada frase.

Ejemplo: Lo siento, pero hoy no puedo llevarte el libro. Te/se lo llevaré mañana.

1 Todos los años mis tíos *os/nos* traen los dulces de Navidad que tanto nos gustan.

2 Para mi graduación, pienso invitar a todos mis primos a la fiesta.

¿Crees que *les/os* debería enviar la invitación ya?

3 A mi familia *le/les* gusta viajar a un lugar distinto cada año en verano.

4 Cuando vinieron mis amigos de intercambio, *se/nos* lo pasamos genial.

5 Si quieres hacer algo distinto para el aniversario de tus padres, ¿por qué no *le/se* lo preguntas a Luis. Él tiene muy buenas ideas.

6 ¿*Les/Se* lo has contado a tus padres ya? No te preocupes, no creo que se vayan a enfadar.

7 Vamos a invitaros a ti y a tu pareja a la fiesta de fin de curso, ¿*les/os* apetece venir?

8/4

Completa con el pronombre que falta en cada frase.

Ejemplo: La familia de mi amigo <u>nos</u> ha prestado su casa para que pasemos unos días de descanso.

1 Sí, claro que _____ voy a echar de menos, tú siempre has estado cerca de mí.

2 Esta es una película bastante reciente. ¿Tú _____ has visto ya?

3 Su hermana _____ suele prestar el coche para que salgamos por la noche.

4 Los amigos de mis abuelos vinieron ayer para dar _____ una invitación. Mis abuelos _____ pusieron muy contentos.

5 Han ganado un premio bastante importante y quieren que _____ celebremos con ellos.

6 _____ lo hemos dicho mil veces: que no lleguen a casa tan tarde.

7 ¿_____ pasasteis bien el fin de semana pasado?

8/5

Juan está enfermo y le envía un mensaje a su hermana. Completa con el posesivo correspondiente.

Lucía, muchas gracias por <u>tu</u> ayuda. Primero, quiero que me traigas [1] _____ libros de geografía,

los he dejado en [2] _____ taquilla del instituto. En mi taquilla están también los libros de Mar, los

[3] _____ están más nuevos que los [4] _____. También necesito que vayas a casa de

Luis y Mario, los hermanos gemelos. Ellos te prestarán [5] _____ cuadernos de música. Y, si tienes alguna

duda, llama a [6] _____ padre, ya sabes que él te puede ayudar con todo esto.

8/6

Completa con el pronombre posesivo que corresponda.

> nuestro • vuestros • suya • suyos • mía • tuya

Ejemplo: Lo siento, no sabía que este libro era <u>tuyo</u>.

1　Sí, esta foto es _____, de mi bautizo.

2　Vuestro cartel es tan bueno como el _____. Nosotros tardamos una tarde en hacerlo, ¿y vosotros?

3　¿Por qué dijiste que toda la culpa era _____?

4　El señor González vive en la casa de enfrente, esta moto no es _____.

5　Voy a Correos a enviar mi currículum. ¿Queréis que envíe también los _____?

6　¿Está segura de que estos bolígrafos son _____, señorita Martín?

8/7

Completa el resumen de la película de Fernando Palacios de 1965, *La familia y uno más*, con las palabras del recuadro.

mujer • hija • abuelo • esposa • abuelo • hijo • hijos

La familia del aparejador Carlos Alonso ha crecido hasta los dieciséis hijos. Muchas cosas han cambiado y ahora se enfrenta a

situaciones nuevas. El [1] _____ ya ha muerto y su [2] _____ murió al nacer

la última hija. La [3] _____ mayor está ya casada y el [4]_____ mayor

terminó sus estudios y es arquitecto. El padrino lleva una vida por su cuenta con su [5] _____ y

Carlos Alonso debe hacerse cargo del resto de la familia con la ayuda de sus [6] _____ mayores.

Carlos Alonso también es [7] _____ ya y se da cuenta de que ya no tiene tanta energía.

8/8

Escribe al blog *Relaciones* y cuenta cómo son las relaciones con tu familia:
¿Cómo te llevas con tus padres? ¿Con quién te llevas mejor? ¿A quién acudes cuando tienes algún problema con los/as amigos/as? ¿Quiénes te dan consejos? ¿Hay alguien o algo que no soportes? ¿Quién es tu gran confidente? ¿Tienes algún buen amigo o buena amiga?

8/9

Completa cada frase de manera que tu respuesta sea coherente y tenga sentido. Fíjate en los verbos y expresiones de cada frase y decide si llevan indicativo o subjuntivo.

Ejemplo: Nos casamos el 12 de octubre. Queremos que vengáis a nuestra boda.

1   Luis necesita más tiempo para acabar su proyecto. Luis pide que _____

2   Es el cumpleaños de las amigas de mi hermana menor. Las niñas desean que _____

3   Mañana es el reparto de premios de fin de curso en el instituto. Ojalá que _____

4   El amigo argentino de Miguel va a pasar las vacaciones con él este año, así que Miguel no irá con su familia.

     Miguel prefiere que _____

5   Mañana tenéis que madrugar. ¿Queréis que _____?

8/10

Lee el texto. ¿Son las siguientes afirmaciones verdaderas o falsas? Justifica tu respuesta utilizando palabras tomadas del texto.

1   Los jóvenes mexicanos creen que el matrimonio es una garantía para la estabilidad de la pareja.
2   Se casan con casi treinta años.
3   La convivencia antes del matrimonio no es esencial para la estabilidad del matrimonio.
4   A la madre de Laura la forzaron a casarse muy joven.
5   Laura dice que hay que respetar y seguir las tradiciones, por eso se va a casar pronto.

Laura, México

Bueno, las actitudes de los jóvenes mexicanos hacia el matrimonio y la unión libre son diferentes a las de nuestros papás. Están cambiando. Antes se pensaba que el matrimonio era una garantía para la estabilidad, ahora no. Además, pienso que los jóvenes estamos convencidos de que la convivencia prematrimonial es más importante para la estabilidad de la pareja.

Y los que se casan, lo hacen más tarde, entre los 27 y 29 años de edad. Los jóvenes queremos viajar y disfrutar de todo antes de empezar una familia y tener muchas responsabilidades. Mi mamá tenía 18 años cuando se casó con mi papá.

Para mí, el matrimonio no está pasado de moda, a la gente le gusta celebrar la boda con la familia y amigos, pero el matrimonio no es para mí, de momento. Me gusta respetar las tradiciones y algún día me gustaría casarme, pero no ahora.

9/1

Conjuga el verbo *haber* para completar las frases de forma correcta.

1 Yo _____ llegado aquí hace cinco días.

2 Nosotros _____ visitado el Prado, un museo de arte de Madrid.

3 ¿Tú _____ descubierto un restaurante bueno en el centro?

4 Manuela me _____ dicho que las tapas son muy buenas en el restaurante Sol.

5 Recientemente mis padres _____ comprado una casa en el campo para vacaciones.

6 Paco, ¿Stefano y tú _____ conocido a otros jóvenes?

7 Silvia _____ puesto su pasaporte en el bolso.

8 Leo y yo _____ visto la película.

9/2

Completa el crucigrama con el participio de cada verbo.

Horizontal

2 decir

4 escribir

5 volver

7 morir

9 abrir

10 hacer

Vertical

1 ver

3 descubrir

6 romper

8 poner

9/3

Completa las siguientes frases con la forma apropiada del pretérito perfecto.

1 Recientemente, yo _____
   (comprar) unos billetes de avión a Buenos Aires.

5 Vosotros _____ (visitar)
   las cataratas.

2 Hoy nosotros _____ (viajar)
   en el AVE a Madrid.

6 Ella _____ (escribir)
   un correo electrónico a su amiga en Argentina.

3 Ellos _____ (ir) al museo
   en Bilbao.

7 ¿Tú _____ (montar)
   en bicicleta en Barcelona?

4 Él _____ (volver)
   a Madrid.

8 Ella _____ (terminar)
   su viaje en Bilbao.

9/4

Lee otra vez las entradas en el foro *¿Dónde vives? ¿Cómo es el clima allí?*. Responde a las preguntas siguientes.

1 ¿Dónde se encuentra el pueblo de Pal?

_____

2 ¿Qué atrae a los turistas a Pal?

_____

3 ¿Por qué puede ser difícil vivir allí?

_____

4 ¿Qué puede ser peligroso?

_____

5 ¿Dónde está San Pedro de Atacama exactamente?

_____

6 ¿Qué problema tienen los visitantes?

_____

7 ¿Qué se cultiva allí?

_____

8 ¿Cuál era el problema el año pasado?

_____

9/5

Completa las frases con el verbo entre paréntesis en el pretérito indefinido.

1 El año pasado yo _____ (visitar) México en febrero.

2 ¿Cómo _____ (viajar) tú a México?

3 Anoche Tomás _____ (hacer) los deberes.

4 La semana pasada Guillermo y María _____ (ver) la película en el cine.

5 Sara no _____ (salir) con sus amigos.

6 Nosotros _____ (leer) un libro en clase de inglés.

7 ¿Qué _____ (hacer) vosotros de vacaciones?

8 Me _____ (comprar) una camiseta verde.

9/6

Escribe el resumen de las noticias sobre un tornado en México usando el pretérito indefinido.

Hay un tornado en Ciudad Acuña que causa la muerte de al menos trece personas. Coches y viviendas son destruidos y también resultan heridas 229 personas. El fenómeno meteorológico solo necesita seis segundos para causar grandes daños en muchos edificios.

_____

_____

_____

_____

_____

_____

_____

_____

9/7

Completa el párrafo con el verbo adecuado en el pretérito imperfecto. ¡Atención! Sobran verbos.

beber	ser
caminar	ser
deambular	tener
llevar	ver
salir	vivir

1 Hace miles de años, los dinosaurios _____ por el planeta.

2 Las tradiciones _____ importantes en el pasado.

3 Cuando yo _____ más joven, _____ al instituto todos los días.

4 El hotel _____ una piscina y un bar muy bueno.

5 Mis abuelos no _____ uniforme en el colegio.

6 Los aztecas _____ en México.

9/8

Elige el verbo correcto para completar el texto.

Antes no [1] *sabía/supe* nada sobre México, pero el febrero pasado [2] *viajaba/viajé* a Chichén Itzá y [3] *aprendía/aprendí* mucho sobre el país. Durante mi visita [4] *conocía/conocí* varios monumentos, como el castillo. También [5] *podía/pude* trabajar como voluntario para ayudar a conservar animales, como la tortuga verde o el cocodrilo. Un día [6] *visitaba/visité* un bosque para participar en una reforestación. Allí [7] *había/hubo* muchos otros jóvenes que [8] *querían/quisieron* ayudar a los demás. Gracias a este viaje, [9] *sabía/supe* que México es un país con mucha historia y [10] *ayudaba/ayudé* al mundo.

10 Cuestiones globales

10/1

Lee la lista de derechos humanos y enuméralos según su importancia de acuerdo con tu opinión, donde 1 = más fundamental y 10 = menos importante.

☐ Derecho a la libertad de expresión

☐ Derecho a la educación primaria y secundaria gratuita

☐ Derecho al sustento suficiente para evitar malnutrición

☐ Derecho a disfrutar de la propia infancia

☐ Derecho a tener un hogar seguro

☐ Derecho a un trabajo bien remunerado

☐ Derecho a elegir la pareja con quien vivir y tener hijos

☐ Derecho a ser tratado con dignidad

☐ Derecho a descansar

☐ Derecho a elegir un trabajo o carrera

10/2

Justifica con argumentos los tres derechos que consideras más importantes de la actividad anterior.
Escribe entre 70 y 150 palabras.

_____

_____

_____

_____

_____

_____

_____

_____

10/3

Escribe diez derechos para adolescentes y jóvenes de 13 a 19 años.

Diez derechos de los adolescentes

1 _____

2 _____

3 _____

4 _____

5 _____

6 _____

7 _____

8 _____

9 _____

10 _____

10/4

Utiliza la forma correcta del imperativo del verbo entre paréntesis para completar cada frase.

1 No _____ a los Gobiernos de gastar demasiado en ayudas a países en vías de desarrollo. No son acusaciones justificadas. (acusar)

2 No _____ de la situación en tu país si tienes educación gratuita primaria y secundaria, y tus necesidades sanitarias básicas están cubiertas. (quejarse)

3 _____ lo que te puedas permitir a ONG responsables. (donar)

4 _____ el coste de los conflictos bélicos antes de quejarte del coste de las ayudas al exterior. (considerar)

5 _____ en todas las enfermedades controladas o que han desaparecido como resultado de las donaciones altruistas. (pensar)

6 No _____ que nadie quiere vivir de la caridad y que la mayoría de los países en vías de desarrollo desean ser autosuficientes. (olvidar)

10/5

Reordena las frases para que las estadísticas que aparecen tengan sentido.

1 población El mundial 14 % leer sabe no la de.

_____

2 viven con dos habitantes El de al menos Tierra de día 48 % de dólares la los.

_____

3 del El total la planeta el 1 % de 43 % poseen riqueza de los habitantes.

_____

4 malnutrición de humanos 16 % El de los sufren.

_____

10/6

Lee las siguientes ideas sobre problemas migratorios y escoge las soluciones en la parte de la derecha de la actividad.

1   En Europa hay un gran flujo migratorio desde el continente africano por el mar Mediterráneo. □

2   En la frontera de la ciudad de Ceuta, en el norte de Marruecos y zona española, muchos niños intentan meterse dentro de los camiones que van a cruzar el estrecho. Es muy peligroso. □

3   Hay islas italianas o griegas que están a rebosar de inmigrantes. No hay suficientes camas ni medicinas para todos. □

4   Cerca de Nuevo Laredo, junto a la frontera de Texas, hay un grupo de inmigrantes que han cruzado el desierto exhaustos y hambrientos. □

5   El sistema educativo de Honduras no es bueno, hay pocas posibilidades de progresar y encontrar trabajo. Hay que irse. □

A   Hay que hacer más controles y poner a los niños en centros de acogida.

B   Emigrar no es la única solución para mejorar tanto a nivel laboral como educativo. El gobierno hondureño está buscando soluciones al problema.

C   Con ayudas al continente africano no es suficiente. Se tiene que invertir en industria y en educación para mejorar el mercado laboral.

D   Más voluntarios, más ayuda, con ropa, medicinas, comida. Tenemos que abrir centros de acogida para la situación de estas islas.

E   Lo primero es agua, hay que llevarles botellas de agua. Después traer comida y hielo para refrescarles. El calor en el desierto es mortal.

10/7

Escribe la forma correcta del futuro simple en el siguiente texto.

Creo que los folletos no [1] _____ (caber) en el coche. Hemos hecho muchos y tenemos cuatro cajas llenas.

Le [2] _____ (decir, yo) a Nacho que traiga su coche. Lo [3] _____ (haber, tú) notado, somos muchos en el grupo. Cada sábado salimos a la calle para repartir nuestros folletos y hoy los [4] _____ (poner) en todas partes, ya que vamos con dos coches. Creo que [5] _____ (poder) ayudarnos hasta el domingo, si tienes tiempo. Como puedes ver, pedimos que la gente nos envíe ropa para los que menos tienen en la ciudad. Empieza el frío y estamos ayudando a las familias que más lo necesitan. Si trabajas bien, te [6] _____ (querer, yo) en un puesto con más responsabilidad en el futuro. Eres bueno con los idiomas y estoy seguro de que [7] _____ (saber) desenvolverte bien.

[8] _____ (tener, nosotros) que hablar del sueldo, claro, que no es muy bueno, pero suficiente para vivir bien, si te interesa. Vale la pena. Cuando estés a tiempo completo con nosotros, [9] _____ (tener) descuentos en nuestros productos, sobre todo los del supermercado de nuestra ONG. Si un paquete de café te vale ahora 4 euros, te [10] _____ (valer) el 50 % menos. Trabajar con nosotros compensa. ¿[11] _____ (venir) entonces mañana también? Empezamos un poco más tarde, a las diez. ¿Cómo lo ves?

10/8

Busca las siguientes palabras sobre conflictos globales en la sopa de letras. Después, con cada una de las palabras, escribe una frase relacionada con el tema estudiado en la unidad.

guerra • hambre • paz • pobreza • abuso • supervivencia
malnutrición • violencia • conflicto

V	R	A	N	C	T	Q	P	A	Z	N	M	N	Ó
M	I	W	M	I	K	R	M	O	J	Q	E	S	M
A	A	O	Q	M	G	E	T	Ñ	D	A	H	C	Ñ
L	M	B	L	D	O	C	R	Ñ	U	B	A	P	V
N	S	D	V	E	I	D	G	E	X	U	M	R	A
U	W	I	F	L	N	U	T	S	U	S	B	R	T
T	D	P	F	P	W	C	R	B	L	O	R	V	P
R	F	N	K	D	R	X	I	R	D	S	E	M	Q
I	O	W	Ñ	R	Z	T	N	A	Z	O	W	I	E
C	T	I	G	U	E	R	R	A	L	R	R	L	X
I	S	U	P	E	R	V	I	V	E	N	C	I	A
Ó	P	O	B	R	E	Z	A	N	R	S	Ó	R	G
N	D	I	O	I	C	Z	D	O	B	H	B	C	L

10/9

Un reportero entrevista a Rasheed. Imagina que eres él y utiliza su relato en el libro del alumno para contestar a las preguntas según la información que aparece allí.

1 ¿Cuántos años tenías cuando la situación política de tu país cambió?

_____

_____

_____

2 ¿Cuál era tu situación familiar en ese momento?

_____

_____

_____

3 ¿Cuándo te diste cuenta de que en tu país no estabas seguro?

_____

_____

_____

4 La decisión final de partir, ¿fue premeditada?

_____

_____

_____

5 ¿Cómo pudiste pagar para ir en el barco de los contrabandistas?

_____

_____

_____

6 Tu suegra se quedó en Siria. ¿Por qué no se fue con vosotros?

_____

_____

_____

7 ¿Por qué no insististeis en que se fuera con vosotros en lugar de respetar su decisión?

_____

_____

_____

8 ¿Cómo fue el viaje hasta el mar?

_____

_____

9 ¿Cómo llegasteis a la orilla? ¿Estaba lejos?

_____

_____

10 ¿Qué tipo de trabajo habeis encontrado tu mujer y tú?

_____

_____

11 ¿Qué quiere estudiar vuestra hija?

_____

_____

10/10
....

Utiliza los adverbios de lugar del recuadro y completa las frases para que tengan sentido.

> dentro • cerca • enfrente delante • atrás

1 Tres soldados se estacionaron _____ de la casa de los cuñados de Rasheed.

2 La suegra de Rasheed se quedó _____ . No quería hacer un viaje tan largo.

3 Cuando la bomba destrozó parte del edificio, Rasheed puso ropa y su móvil _____ de una mochila y partieron apresurados.

4 El mar no estaba _____ de la casa de Rasheed, así que caminaron más de dos semanas.

5 _____ del barco había más gente de la que era razonable.

10/11
....

Lee de nuevo la contribución de Héctor a Mano Amiga Foro Jóvenes y busca las expresiones con el presente de subjuntivo en el texto.

_____

_____

_____

_____

10/12

¿Subjuntivo o indicativo? Conjuga el verbo entre paréntesis en la forma correcta.

1 Espero que los matrimonios infantiles _____ en todo el mundo. (prohibirse)

2 Me complace que la situación en Nicaragua _____ mejorando. (estar)

3 Pienso que el centro _____ participar en el programa de Modelos de Naciones Unidas. (deber)

4 No creo que _____ juzgar a los niños soldado, ya que no es culpa de ellos que estén en esta situación. (nosotros, deber)

5 Recomiendo que _____ varios programas de voluntariado antes de elegir. (tú, investigar)

6 Es importante que se _____ a tolerar otras religiones y culturas. (aprender)

7 Conseguir la paz en este siglo quizás no _____ imposible. (ser)

10/13

Lee otra vez el texto sobre el Modelo de Naciones Unidas del libro del alumno e indica si las siguientes frases son verdaderas o falsas. Justifica todas las respuestas.

1 Un Modelo de Naciones Unidas representa el Sistema de Naciones Unidas con alumnos de secundaria y universitarios. (V/F)

_____

2 Los alumnos representan a los delegados de diferentes ciudades del mundo. (V/F)

_____

3 Los participantes aprenden cocina internacional. (V/F)

_____

4 El proyecto ayuda a los estudiantes a conocer las preocupaciones de la gente en el mundo. (V/F)

_____

5 Las técnicas de persuasión, negociación, redacción y oratoria no son importantes en este caso. (V/F)

_____

6 Los participantes deben seguir una serie de reglamentos y de procedimientos muy concretos. (V/F)

_____

11/1

Relaciona las siguientes palabras y expresiones con sus definiciones. Hay cinco definiciones sin palabras.

1 La privacidad…   [B]

2 La seguridad…   [   ]

3 El ciberacoso…   [   ]

4 El aislamiento…   [   ]

5 La accesibilidad…   [   ]

6 La tecnología vestible…   [   ]

7 La adicción…   [   ]

A el acoso sexual realizado usando Internet.

B *se refiere a la confidencialidad de información personal.*

C es la capacidad de acceso.

D se refiere a la huella digital en Internet.

E prendas y complementos que tienen incorporados objetos tecnológicos que se pueden llevar puestos.

F se presenta cuando una persona se aleja de su entorno de manera voluntaria o involuntaria.

G la influencia que tiene sobre muchos seguidores en las redes sociales.

H la protección del intercambio de información y sus emisores.

I el uso frecuente de Internet.

J el uso incontrolable, independiente de la voluntad, de Internet.

K la participación en la redes sociales.

L intimidación o maltrato para minar la autoestima que se produce mediante el uso de nuevas tecnologías.

11/2

1 Utiliza las siguientes estructuras de opinión para exponer tus opiniones acerca de los problemas de Internet que se presentan a continuación.

Ejemplo: No me gusta que se use demasiada tecnología vestible.

No me gusta que…	+ subjuntivo
No me opongo a que…	+ subjuntivo
No creo necesario que…	+ subjuntivo
Me parece bien que…	+ subjuntivo
Es necesario que…	+ subjuntivo
Es injusto que…	+ subjuntivo

La tecnología vestible: _____

_____

La tecnología en la educación: _____

_____

Las aulas virtuales: _____

_____

Los peligros de Internet: _____

_____

El acoso cibernético y los jóvenes: _____

_____

2 Completa con la forma de indicativo o subjuntivo que corresponda a cada verbo.

*Ejemplo: Todos esperamos que las organizaciones y todos los usuarios (hacer) **hagan** un uso ético de la tecnología.*

1 Los nativos digitales buscan que la tecnología les _____ acceder más rápidamente a los otros usuarios. (permitir)

2 Estamos de acuerdo en que la nueva generación _____ capaz de gestionar más eficazmente grandes cantidades de información. (ser)

3 Sin duda, los jóvenes _____ más abiertos a la diversidad. (estar)

4 Queremos que la innovación _____ parte de nuestras vidas. (formar)

11/3

Lee las siguientes opiniones y escribe dos argumentos a favor y dos en contra para cada una de ellas.

1 La información obtenida a través de Internet no es fiable.

A favor: 1 _____

2 _____

En contra: 1 _____

2 _____

3 La gente se aísla más con las nuevas tecnologías.

A favor: 1 _____

2 _____

En contra: 1 _____

2 _____

2 Las redes sociales e Internet hacen que la gente sea más eficiente y competente en el trabajo y los estudios.

A favor: 1 _____

2 _____

En contra: 1 _____

2 _____

4 Internet y las nuevas tecnologías hacen que la gente pierda su tiempo.

A favor: 1 _____

2 _____

En contra: 1 _____

2 _____

11/4

....

1 Lee las siguientes frases sobre Internet como fuente fiable de información y complétalas según tu opinión y conocimiento del tema.

- Está claro que hoy en día Internet es uno de los medios más utilizados para buscar información, sin embargo hay que

  tener cuidado con la red porque _____.

- Todo el mundo puede acceder libremente a la Red. Todos podemos escribir dando nuestras opiniones y contando

  nuestras experiencias, por ello es necesario _____.

- Si no tenemos información sobre el autor de un texto que aparece en la red, podemos _____.

- La Wikipedia o enciclopedia libre como fuente de información es _____.

2 Ahora expresa tu opinión sobre los siguientes temas en un texto de tu elección (artículo, carta, entrada de blog o foro, correo electrónico, póster, etc.).

- La veracidad y fiabilidad de la Red.
- La cantidad de información en Internet hace imposible comprobar si es verdad.
- Los medios de la Red (blogs, redes sociales, periódicos digitales, etc.) hacen que estemos más informados que antes.

_____

_____

_____

_____

_____

_____

_____

11/5

....

Subraya la opción que te parezca correcta, como en el ejemplo. ¡Atención! En algunos casos las dos opciones son correctas.

Ejemplo: Las universidades necesitan monitorizar el uso de Internet para <u>*conseguir*</u> / *que consigamos más confianza en su uso.*

1 Las universidades han creado aulas virtuales a fin de tener / que tengamos más accesibilidad.

2 Los jóvenes necesitan informarse para conocer / que conozcamos las distintas formas de acoso en línea.

3 Tenemos que ser precavidos a fin de navegar / que naveguemos de forma inteligente por Internet.

4 Nos recomiendan usar un apodo para mantener / que mantengamos el anonimato.

5 Los padres establecen filtros con el objeto de bloquear / que bloqueemos información inapropiada.

11/6

A partir de estos pares de frases, forma una oración causal.

Ejemplo: Mucha tecnología vestible es cara. No es accesible para muchos jóvenes.

Como mucha tecnología vestible es cara, no es accesible para muchos jóvenes.

1   No sale mucho. Prefiere chatear y hacer amigos en línea.

2   Hemos decidido hacer un curso de inglés en línea. Los cursos en línea son más flexibles en horario.

3   La tecnología avanza muy rápido. No conseguimos aprender bien el uso de algunas aplicaciones.

4   Las TIC transformarán la educación y la forma en la que aprendemos. Los libros se quedarán obsoletos.

11/7

Completa el siguiente texto con los conectores causales del recuadro.

por • como • porque

[1] _____ la tecnología nos ha dado libertad para estudiar y trabajar de una manera nueva y

más flexible, podemos hacerlo desde cualquier parte y a cualquier hora. Sin embargo, parece que ahora no tenemos

tiempo para nada [2] _____ siempre estamos haciendo algo en el móvil, tableta u ordenador. Lo hacemos

[3] _____ ocio o trabajo y, a veces, [4] _____ no saber qué hacer, pero al final estamos

siempre ocupados con algo. Así nos queda poco, o nada de tiempo, para "no hacer nada" o para estar con nuestros amigos

o familiares [5] _____ la tecnología nos mantiene ocupados con un flujo continuo de información,

mensajes y otras tareas. [6] _____ no aprendamos a desconectar, tendremos serios problemas de estrés y

no habrá suficientes horas en el día para "no hacer nada".

Un internauta enganchado

11/8

Lee este fragmento modificado del texto *La nueva brecha digital no está entre padres e hijos* y complétalo con palabras del recuadro. ¡Atención! Hay más palabras de las necesarias

crean • creen • descargan • existen • suben • siguen • están • manejan
separan • conectan • utilizan • suben • son • invitan

Hasta ahora la brecha digital se producía especialmente entre padres e hijos, entre adolescentes y adultos, entre lo que

denominamos "nativos digitales" y los "inmigrantes digitales". Pero ahora son muchos los adultos, padres y madres que

[1] _____ las TIC. Cada vez más adultos [2] _____ usuarios del correo electrónico,

[3] _____ grupos de chat con sus amigos, se [4] _____ aplicaciones en sus teléfonos inteligentes

y tabletas, y [5] _____ fotos a Internet, etc. Sin embargo, son muy pocos los que [6] _____ blogs

y grupos de discusión en foros o en redes sociales, etc. Muchos adolescentes se [7] _____ de sus mayores por la brecha

digital "clásica" que aún sigue existiendo.

11/9

Basándote en tus respuestas de la encuesta *¿Eres adicto a Internet?* en el apartado Repaso del libro del alumno,
escribe un blog de entre 70 y 150 palabras presentando tu perfil de usuario de Internet.

_____
_____
_____
_____
_____
_____
_____
_____
_____
_____

Acknowledgements

The authors and publishers acknowledge the following sources of copyright material and are grateful for the permissions granted. While every effort has been made, it has not always been possible to identify the sources of all the material used, or to trace all copyright holders. If any omissions are brought to our notice, we will be happy to include the appropriate acknowledgements on reprinting.

Thanks to the following for permission to reproduce images:

Duncan1890/GI; DenizA/GI; Spaces Images/GI; Almaje/GI; dolgachov/GI; Halfpoint/GI; Georgios Kollidas/GI; ShowVectorStudio/GI; Benoit Chartron/GI; Moto-rama/GI x3; LWA/Larry Williams/GI.

Cover Photo: fergregory/GI

Key: GI= Getty Images